AF242270

QUELQUES

PREUVES

SUR LA NÉCESSITÉ

D'ADMETTRE LE PROJET DE LOI

RELATIF A LA

CONVERSION DES RENTES.

QUELQUES

PREUVES

SUR LA NÉCESSITÉ

D'ADMETTRE LE PROJET DE LOI

RELATIF A LA

CONVERSION DES RENTES.

PARIS,

IMPRIMERIE DE COSSON, RUE GARANCIÈRE.

1824.

PRÉFACE.

Tout projet de loi qui, après avoir subi à la Chambre des députés une discussion longue et attentive en sort triomphant, offre assurément de grands avantages. Les débats qui ont lieu en ce moment devant la chambre héréditaire, en donnant une nouvelle latitude à l'attaque et à la défense, ont déjà prouvé de nouveau combien l'État gagnera à l'adoption d'une loi qui, sans blesser aucun droit, vient au secours de la masse des contribuables, des propriétaires, de l'industrie et de l'agriculture. Défenseurs aussi ardens des prérogatives de la couronne que des intérêts du pays, les nobles membres de la Chambre des Pairs, dédaignant une vaine popularité, ne s'attachent dans les projets de loi qui leur sont soumis qu'à découvrir ce qu'ils présentent d'utile pour la France : ils cherchent en conséquence la lumière de toutes parts. On a donc eu la pensée de réunir en une sorte de faisceau certain nombre de preuves démontrant l'utilité d'admettre le Projet de loi sur la Conversion des Rentes. Ces preuves échappées à la pensée libre de quelques défenseurs du projet ne se rattachent entre elles par aucun lien. Leur défaut de concert même prouve par combien de manières différentes peut être démontrée l'excellence de la mesure soumise dans ce moment aux sages délibérations du premier corps de l'État.

QUELQUES PREUVES

SUR LA NÉCESSITÉ

D'ADMETTRE LE PROJET DE LOI

RELATIF A LA

CONVERSION DES RENTES.

LETTRE

D'UN PROPRIÉTAIRE A UN RENTIER.

Agen, le 12 mai.

Vous désirez savoir, mon ami, quel effet a produit dans ce pays la brochure que vous avez publiée à Paris contre le projet de loi sur les rentes, et de quelle manière se prononce l'opinion publique sur cette importante question. Vous voulez que je vous dise, en outre, quel est le taux de l'intérêt de l'argent dans notre province, et, dans le cas où vous accepteriez le remboursement de vos rentes au lieu de vous soumettre à n'en retirer que 4 p. %, quelles ressources vous trouveriez ici pour un placement avantageux de vos capitaux.

Votre brochure, dont vous m'avez envoyé cinquante exemplaires, n'a pas produit plus de sensation dans notre département que la plupart des discours prononcés à la tribune contre le projet de loi. Nous autres gens de province, dans notre gros bon-sens, nous avons l'habitude de n'envisager les choses que dans leurs résultats applicables à la masse des intérêts. Les exceptions nous touchent peu, parce que nous savons que les exceptions et les amendemens tuent la sagesse et la raison ; et je vous avouerai que, quand nous avons vu qu'au fond de tout cela il y avait pour chaque contribuable sa part annuelle de 28 millions, sans commettre une injustice envers qui que ce soit, nous avons compris comment la chambre des députés, malgré tant de cris d'alarme, avait adopté la loi proposée.

Il a été fort question de vous et de votre écrit à la dernière réunion de la société d'agriculture. Quoique vous soyez devenu rentier, et même Parisien, nous n'avons pas cessé de vous chérir comme un enfant des bords de la Garonne, et vos hérésies en fait d'économie politique et de finances ont été réfutées, dans cette séance, par les fortes têtes de l'assemblée, mais avec une modération et une mesure qui seraient dignes de servir d'exemple à quelques orateurs de la chambre. On a analysé et commenté chacune de vos objections, et je pense, mon ami, que je vous ferai plaisir en vous communiquant tout ce qui s'est passé à ce sujet.

Le secrétaire de la société a lu votre brochure, en s'arrêtant chaque fois qu'un des membres a désiré faire quelque observation. Dès la première page, où vous dites que le gouvernement n'a pas le droit de réduire l'intérêt de la dette publique, le juge du paix du canton de St.-R... a demandé la parole, et nous a dit en souriant : « Il paraît que notre ami, qui, en sortant de l'Ecole de Droit, nous citait avec tant de complaisance les écrits de son compatriote Montesquieu, a oublié ce qu'a dit avec tant de justesse cet écrivain, que l'on n'accuserait certainement pas aujourd'hui d'être ministériel, et à qui bien de gens refuseraient peut-être la qualification d'homme monarchique :

« Il faut qu'il y ait une proportion entre l'Etat créan-
» cier et l'Etat débiteur. L'Etat peut être créancier à
» l'infini, mais il ne peut être débiteur qu'à un certain
» degré; et, quand on est parvenu à passer ce degré,
» le titre de créancier s'évanouit.

» Si cet Etat a encore un crédit qui n'ait point reçu
» d'atteinte, il pourra faire ce qu'on a pratiqué si heu-
» reusement dans un Etat d'Europe (l'Angleterre);
» c'est de se procurer une grande quantité d'espèces,
» et d'offrir à tous les particuliers leur remboursement,
» à moins qu'ils ne veuillent réduire l'intérêt. En effet,
» comme, lorsque l'Etat emprunte, ce sont les parti-
» culiers qui fixent le taux de l'intérêt, lorsque l'Etat
» veut payer c'est à lui à le fixer.

» Il ne suffit pas de réduire l'intérêt, il faut que
» le bénéfice de la réduction forme un fonds d'amor-
» tissement pour payer chaque année une partie des
» capitaux; opération d'autant plus heureuse que le
» succès en augmente tous les jours. »

» Il est possible ajouta le magistrat de village, que notre correspondant ait un peu de rancune contre l'auteur de *l'Esprit des Lois*, qui, un peu plus bas, traite les rentiers *de classe entièrement passive dans l'Etat*, soutenue par la force active des trois autres, les propriétaires, les négocians, les laboureurs et artisans ; mais cela aurait-il dû lui fasciner la vue au point de ne pas voir que le remboursement, consacré par toutes nos lois, et qui est une clause inséparable de quelque emprunt que ce soit, est le seul droit absolu du gouvernement, et que la réduction de l'intérêt n'est, comme le fait entendre Montesquieu, que la condition, facultative pour le créancier, moyennant laquelle l'Etat consent à rester débiteur. C'est à proprement parler un nouvel emprunt auquel tout le monde est appelé à prendre part, et dans lequel des capitalistes se substituent à ceux des rentiers qui préfèrent le remboursement. »

Je ne sais pas trop ce que vous auriez à répondre à cela ; mais vous présentez tant d'objections, que vous ne vous regarderez sûrement pas comme battu en cédant sur la première. Ainsi, par exemple, vous avancez que l'intérêt de l'argent est beaucoup plus élevé que le taux des 4 pour %, puisqu'il se fait dans le commerce des négociations à 6 pour %, et que des particuliers empruntent jusqu'à 8 sur hypothèques.

Voici ce que nous dit à cet égard le comte de G***, grand propriétaire dans l'arrondissement de Villeneuve-d'Agen, dont vous avez sans doute entendu vanter les connaissances agricoles, et qui a introduit un ordre si remarquable dans ses exploitations et dans ses affaires :

« Rien n'est plus variable et plus arbitraire, messieurs, que le taux de l'intérêt. Car, comme il est entièrement soumis au plus ou moins de facilité que l'on trouve à se procurer de l'argent; que, d'un autre côté, il n'est à proprement parler, qu'une prime payée par le besoin à la confiance, ce taux doit augmenter ou diminuer selon l'abondance plus ou moins grande des capitaux, selon le plus ou moins de solidité du gage. Permettez-moi de vous citer une exemple qui donnera plus de force à mon raisonnement, et qui vous prouvera que ce mot *intérêt* est vide de sens quand on ne le rattache pas à une idée positive et absolue.

» Avant ma majorité, je fis à l'insu de mes parens quelques dettes. Des usuriers de Bordeaux, qui pourtant n'étaient pas Israëlites, me prêtèrent les sommes dont j'avais besoin, et, m'objectant mon âge, le risque attaché à mes engagemens prématurés, la rareté de l'argent, enfin tout ce qui peut donner du poids à la logique de l'usure, me firent payer jusqu'à 25 p. °/₀ les *services* qu'ils me rendaient. Devenu majeur, mon père me mit en jouissance de la fortune de ma mère ; un de mes premiers soins fut de chercher les moyens de me débarraser du ver rongeur qui dévorait mon héritage; j'ouvris un second emprunt. Mais mes affaires n'étaient pas encore dans une situation florissante; j'avais un procès avec un parent éloigné, pour quelques répétitions ; un voisin venait de m'attaquer en délimitation et bornage ; mon bien était grevé de quelques anciennes hypothèques. Des préteurs se présentèrent; ils firent des conditions, fort dures à la vérité, mais qui amélioraient ma position ; je gagnais 15 p. °/₀ sur les intérêts, j'empruntai à 10, et crus avoir fait un excellent marché.

» Cependant je gagnai mes deux procès, et mon oncle D**** me laissa une belle propriété exempte de toutes charges. Dans une situation aussi prospère, je ne fus plus obligé de chercher des prêteurs; ils se présentèrent d'eux-mêmes. Ne voulant pas ébrécher mon bien, j'acceptai l'argent que l'on m'offrait. On me dit que l'intérêt du commerce était à 6 p. o/o; j'étais tellement pressé de faire le bénéfice que promettait cette opération, que je signai avec joie la reconnaissance de ce troisième emprunt.

» Depuis quelque temps il m'a été fait des offres au moyen desquelles je puis effectuer le remboursement de mes six pour cent. J'ai fait proposer à mon créancier ou de reprendre son capital ou de réduire sa rente au taux qui m'est proposé, et, maintenant, n'ayant pas à payer des intérêts hors de proportion avec le revenu de mon bien, j'espère, au moyen de mes économies, que j'appelle ma caisse d'amortissement, parvenir à me libérer tout-à-fait d'ici à peu d'années.

» Mais je m'aperçois, messieurs, qu'en vous racontant ma propre histoire, j'ai retracé, à peu de chose près, ce qui s'est passé chez nous depuis la restauration. En 1814 et 1815 nous étions sous une sorte de tutelle, celle de 600,000 étrangers, et sous l'influence d'événemens qui avaient ébranlé notre crédit. La loi de la nécessité nous commanda des sacrifices; il fallait faire rayer l'hypothèque prise sur notre territoire par l'occupation. L'État emprunta pour le compte des propriétaires de ce territoire, et paya dix ou douze pour cent. Notre émancipation nous coûta cher, mais elle procura d'immenses avantages. Le premier de tous fut le retour de la confiance, base unique du crédit. Sortie avec les Bourbons, elle rentra avec eux, mais elle resta faible et languissante tant que nos finances et nos intérêts politiques n'eurent pour régulateurs que des hommes d'une foi monarchique très-équivoque; tant que des symptômes de fièvre révolutionnaire firent redouter, au-dedans comme au-dehors de la France, le retour vers un ordre de choses aussi contraire à nos véritables intérêts. La rente, trop long-temps libérale, devint enfin royaliste, et dès-lors le crédit marcha à pas de géant. Le gouvernement, qui ne pouvait il y a dix ans se procurer des capitaux qu'en payant un intérêt énorme, est parvenu, à force d'ordre et de sagesse, par sa fidélité à remplir ses engagemens, par sa fermeté à étouffer tous les germes de rébellion, par l'habileté de ses négociations, à inspirer à toute l'Europe une confiance telle, qu'il peut emprunter aujourd'hui au taux le plus bas possible. Et lorsqu'il se présente une occasion aussi favorable de diminuer le fardeau accablant des charges publiques, par la réduction de la dette, de soulager ceux au nom de qui les emprunts ont été faits et qui en paient les intérêts, on voudrait indéfiniment grever les contribuables en éternisant l'existence de la rente ! Ce serait contre tout droit, contre toute justice ; et nous pourrions dire alors, nous autres propriétaires, que *l'occupation* des porteurs d'inscriptions serait plus funeste et plus onéreuse que celle des Prussiens, des Autrichiens et des Russes, qui n'a duré que quelques mois.

» Il est donc évident que l'intérêt proprement dit se gradue en raison de l'importance, de la solidité du gage qui en est la représentation , et de l'opinion qui y est attachée. Un vaisseau qui part pour les mers orageuses du Nord paie une assurance beaucoup plus forte que celui qui doit naviguer entre les tropiques ; un édifice contenant des matières combustibles acquitte une prime plus élevée que celui qui n'offre pas un pareil danger. Il en est de même des gouvernemens et des particuliers. Les républiques adolescentes et mal constituées de l'Amérique-Méridionale ne peuvent, sous ce rapport, marcher de pair avec les anciennes et robustes monarchies de l'Europe. »

Voilà ce que nous dit M. le comte G***. La lecture fut continuée et donna lieu à beaucoup d'autres observations dont je vous ferai part dans une autre lettre.

Agréez, etc.

DEUXIÈME LETTRE

D'UN PROPRIÉTAIRE A UN RENTIER.

Agen, le 16 mai.

Avant de poursuivre le compte que j'ai à vous rendre de l'examen que nous avons fait en séance de votre écrit sur le remboursement des rentes, permettez-moi, mon vieil ami, de vous faire une querelle particulière sur une assertion bien hasardée que je n'ai pas voulu combattre devant témoins par ménagement pour votre amour-propre. Vous annoncez que l'opinion publique est contraire à ce projet, et que dès-lors, c'est la braver que d'insister sur une mesure qu'elle réprouve hautement. Vous avez trop de bon-sens et d'esprit pour faire contenir l'opinion publique dans l'étroit espace d'un salon, ou pour la placer dans les propos qui circulent dans quelques rues du Marais. Je sais bien que certains porteurs d'inscriptions ont raisonné à cet égard comme M. Josse; mais il ne faut pas leur en vouloir : car c'est à peu près celle de toute la société, où chacun ne voit l'opinion générale que dans une sphère bornée, dont il se fait le centre. Mais admettons un moment cette étroite manière d'envisager les choses, et considérons, si vous le voulez, l'opinion comme l'expression et la représentation des intérêts individuels. N'est-il pas démontré que la partie la plus riche et la plus heureuse d'une nation est celle qui paie le moins au gouvernement? Or, cette partie est évidemment celle des rentiers, payés, et non payans; et par conséquent, la partie la plus pauvre est la classe des propriétaires, qui contribuent dans une si forte proportion aux charges publiques. Plus la première prospérera, plus le nombre des priviléges de la fortune augmentera, et plus l'agriculture et l'industrie en souffriront. C'est un membre qui se nourrit et s'engraisse de la substance de son voisin. Il y a pléthore et obésité d'un côté, marasme et atrophie de l'autre.

En suivant cette comparaison, il est manifeste que la rente a pompé tout le suc nourricier de l'agriculture et de l'industrie, en aspirant la masse des capitaux, qui se sont portés vers un point unique, au grand détriment de tous les autres, ce qui constitue une véritable maladie du corps social. Cela est si vrai, que plus vous vous éloignez du point où cet engorgement s'est fixé, et plus vous trouvez la propriété avilie; ses

produits sans valeur, l'industrie languissante, et l'intérêt de l'argent élevé.

Ce qu'il y a de remarquable dans ce dérangement
d'équilibre, c'est la disproportion qui existe entre les
intérêts opposés, ceux des rentiers et des propriétaires.
Supposons que ces intérêts soient représentés par des
individus, nous trouvons que 6,960,000 personnes
paient en France l'impôt direct, dans lequel la contribution foncière entre pour 227 millions, ou 32 francs
par tête, tandis qu'il n'y a à mettre en balance que
145,000 porteurs d'inscriptions, qui ne paient rien
directement au fisc. Si nous cherchons dans les capitaux la représentation des intérêts respectifs, nous
trouvons que les rentiers possèdent un capital de
2,800,000,000, tandis qu'on peut évaluer celui des
contribuables à dix fois cette somme. Ainsi, le nombre
des propriétaires est, à l'égard du nombre des rentiers,
à peu près comme 50 sont à 1 ; la valeur des propriétés
est à celle des rentes, comme 10 sont à 1 ; enfin, celle
de la part contributive dans l'impôt foncier, comme
227 millions sont à zéro. Voilà aussi, selon moi, la
véritable proportion entre les deux fractions de l'opinion publique sur la loi proposée.

Je ne vous parlerai pas des émigrés que l'on a assez
mal à propos introduits dans cette question pour la dé-
populariser, et que les écrivains libéraux ont laissés
en paix lorsqu'ils se sont aperçus qu'à côté de cet acte
de justice s'élevait l'importante considération de la
tranquillité à rendre à cinq ou six cent mille acquéreurs de biens vendus et du retour de la faveur publique vers une classe de propriétés dont les plus pro-
ductives n'ont pas cessé d'être considérées comme si

elles étaient dans le voisinage d'un volcan , ou comme ces alluvions conquis sur un torrent toujours prêt à s'en ressaisir.

Nous avons fait trop souvent la fâcheuse expérience de cette opinion publique factice , qui n'est qu'un moyen bannal d'accréditer des vues individuelles , et je crains bien qu'il n'en soit de la prétendue répugnance pour le remboursement des rentes comme de certaine autre *répugnance* dont on a si audacieusement accusé l'opinon publique , qui s'en est, du reste, bien vengée.

Et , sans remonter bien haut , rappelons-nous ces pétitions qui encombraient les bureaux de la chambre des députés , et sous lesquelles on prétendait étouffer la nouvelle loi des élections. Cependant l'opinion, dont on avait si gratuitement fait un épouvantail , a donné deux fois un démenti formel à ces réclamations , qui n'exprimaient rien que les vœux de quelques individus. Mais remarquez surtout que cette même prétendue opinion , qui ne veut pas que l'intérêt de la dette publique soit réduit à quatre pour cent , est toute prête à amener elle-même ce résultat en élevant la rente à 120 francs , si le remboursement n'a pas lieu. Il y a cette différence que tout le bénéfice de la réduction serait au profit des 145 mille parties prenantes , au lieu de tourner à l'avantage des sept millions de parties payantes.

Maintenant que je n'ai plus rien à vous dire pour mon propre compte , je reviens à la relation de la séance de nos comices agricoles , dans laquelle vous avez été si bien commenté.

Vous prétendez, sans motiver votre opinion , que le

moment n'est pas opportun, et que l'on s'est trop pressé d'offrir l'alternative du remboursement ou de la réduction de l'intérêt.

Le receveur particulier de l'arrondissement de M***, qui, comme vous le savez, est notre oracle en tout eè qui a rapport aux matières financières, ouvrit de grands yeux, haussa légèrement les épaules, et nous dit, avec cette sorte de brusquerie que ses amis sont convenus d'appeler de la franchise : « En vérité, notre cher compatriote devrait bien retourner à l'école, où il y aurait une véritable opportunité de lui administrer quelque correction du genre de celles que nous recevions autrefois ensemble : cela lui apprendrait, à lui, homme de sens et d'esprit, bon royaliste en outre, à venir nous débiter toutes les pauvretés et tous les lieux communs usés de l'anarchiste *Courrier*, du révolutionnaire *Constitutionnel* et du doctrinaire *Journal de Paris*. Lui convient-il de se traîner à la suite de ces ministres débrodés des roitelets inféodés au grand empire, vautours financiers dont toute la science consistait à venir sur un champ de bataille recueillir les dépouilles des vaincus ; de ces ambitieux désappointés dont la mauvaise humeur s'exhale en injures, et de ces écrivains subalternes dont l'ignorance se manifeste par les plus grossières erreurs ? Et depuis quand a-t-il acquis une des sciences les plus difficiles et qui exige un si long exercice ? Est-ce parce qu'il a des inscriptions dans son portefeuille et qu'il a appris quelques mots du jargon de la Bourse, qu'il se croit appelé à régler les intérêts de l'Etat ? Ce serait faire comme Crispin, qui se croit médecin parce qu'il sait dire : *Medicus sum.* »

Nous partîmes tous d'un éclat de rire, et l'orateur lui-même partagea notre hilarité. Mais il reprit son sérieux, et continua ainsi : « L'opportunité ! Eh ! quelles circonstances l'indiquent mieux que la hausse du capital de la rente au-dessus de sa valeur nominale ; ce qui ne peut être attribué qu'à la surabondance des capitaux ? On conteste cette surabondance ! Je veux bien accorder qu'elle n'existe pas partout ; car personne ne sait mieux que moi avec quelle peine rentrent les contributions dans ce pays. Mais qu'est-ce que cela prouve ? que cette abondance s'est portée tout entière vers la rente ; ce qui est un grand mal. On ne me fera pas accroire qu'il y ait pénurie d'argent, là où une valeur est autant demandée et rencontre plus d'acheteurs que de vendeurs.

» Ainsi donc, la rente étant arrivée au pair, l'intérêt de l'Etat, qui n'est, comme on l'a fort bien dit, que celui d'une masse énorme de contribuables, était de ne pas laisser dépasser le pair, et d'offrir ou le remboursement ou la réduction de l'intérêt. S'il n'avait pas fait cette opération, tous ceux qui ont publié des brochures et fait de grands discours pour prouver qu'il a tort aujourd'hui, auraient écrit et péroré afin de prouver la nécessité d'une pareille mesure.

» Fallait-il attendre que la rente montât à 120 ou 125 francs ? certainement la chose aurait eu lieu sans le projet de loi. Et qu'aurions-nous dit alors nous autres qui payons les charges publiques ? que quand l'intérêt est à 4 pour cent il est bien dur de payer 5, et que ne pas profiter dans ce cas de ses avantages est une duperie de la part de celui qui doit, ou une trahison de la part de ceux qui sont chargés de ses affaires. Et puis que ferez-vous de la caisse d'amortisse-ment? Se présentera-t-elle sur la place pour acheter au-dessus du capital nominal, ou arrêtera-t-elle son action salutaire? Ces deux alternatives sont également fâcheuses. Avec l'une il faut se résigner au sacrifice de toute la partie du rachat qui excède le capital no-minal; avec l'autre, on supprime le grand ressort du crédit public. »

Ici notre receveur s'arrêta, et un murmure flatteur d'approbation lui annonça que ses argumens avaient convaincu l'auditoire. L'ordre de la lecture amena ce que vous dites au sujet des émigrés. Tous les regards se portèrent sur le marquis de P***, modestement assis dans la partie la moins apparente de la salle, au milieu de deux de ses parens, comme lui chevaliers de Saint-Louis. Le marquis se leva et s'exprima ainsi :

« J'ai peu de choses à vous dire, messieurs, et la question qui vous occupe m'est d'autant plus étrangère que, grâces à la révolution, je n'ai ni rentes, ni biens, et que, si je fais partie de cette société agricole, ce n'est pas à la qualité de cultivateur praticien que je dois un pareil honneur. J'avais 25,000 livres de rentes; je n'ai plus rien. Sans les bienfaits du Roi et de nos généreux princes, qui font tant de sacrifices pour ve-nir aux secours de leurs vieux serviteurs, j'aurais été réduit aux plus cruelles extrémités. Dans cette situa-tion qu'y a-t-il de commun entre les rentiers et nous autres émigrés? Les révolutionnaires ont vu qu'un acte de justice allait leur enlever l'appui qu'ils s'étaient ménagé parmi les acquéreurs craintifs de nos biens ; ils ont vu dans l'avenir une transaction qui devait ter-miner un grand procès. Par une manœuvre adroite, mais qui n'est pas moins odieuse, ils ont remplacé leurs vieux alliés par de nouveaux auxiliaires, et les rentiers sont devenus, probablement malgré le plus grand nombre d'entre eux, les *flanqueurs* du parti libéral.

» Nous, messieurs, profiter des dépouilles des rentiers ! Les aurions-nous recueillies ces dépouilles si, en 1814, la proposition faite par un illustre maréchal de France eût été adoptée ? Avons-nous profité des réductions qui se sont successivement introduites dans toutes les branches de l'administration ? Est-ce nous qui avons recueilli les fruits des dégrèvemens successifs obtenus sur les contributions directes ? L'amélioration de notre malheureux sort dépend d'un système général d'ordre et d'économie ; elle ne se lie en rien à telle ou telle opération spéciale. Et, d'ailleurs, si j'ai bien compris, il n'y a pas spoliation puisqu'on rend plus qu'on n'a reçu ; puisque ceux qui ont donné depuis 60 jusqu'à 88 fr, en recevront cent. Nous nous estimerions trop heureux, nous autres, qui avons été réellement dépouillés de tout, si sur cent de capital on voulait bien nous rendre soixante. »

On a abordé ensuite les deux points les plus importans de tous ceux que vous avez traités : celui de la négociation et l'accroissement de capital nominal que vous annoncez devoir résulter de ce système. Ce sera l'objet de la première lettre que vous recevrez.

Agréez, monsieur, etc.

TROISIÈME LETTRE

D'UN PROPRIÉTAIRE A UN RENTIER.

Agen, le 18 mai.

A mesure que nous avancions dans l'examen de vos objections, mon vieil ami, la question acquérait plus de clarté, et, vers la fin de la séance, il n'était pas un seul de nous qui ne fût en état de tenir tête au plus opiniâtre adversaire de la conversion ou du remboursement des rentes. Me voici arrivé à la partie la plus compliquée de votre Catilinaire, à celle qui paraît avoir entraîné le plus grand nombre d'opinions, parce qu'on a accompagné la discussion de ces mots de déception, d'injustice et d'immoralité, qui produisent tant d'effet sur l'esprit de ceux qui jugent sans examen. Grâce au Ciel, à la fin de tout ce débat, personne ne pourra se plaindre d'avoir été surpris ou trompé. La partie se joue loyalement et les cartes sur table.

« Cent quarante millions de rentes à 5 p. %, dites-vous, donnent un énorme capital de deux milliards huit cent millions. Aucune société de banquiers n'est en état de réunir une somme aussi forte. Or, il peut arriver que tous les rentiers exigent leur remboursement, dès lors l'opération sera illusoire, puisqu'il sera impossible de faire face à une pareille exigeance.

» Plaisante manière de raisonner, nous dit M. C***, que d'établir des suppositions par lesquelles rien ne serait possible ! A quoi servirait donc l'expérience, si elle ne devait pas nous guider dans tout ce qui sort des règles de l'absolu? Que sont donc les notions qu'on appelle science, même la science financière, si ce n'est une série d'observations desquelles on a déduit des principes et des formules? Il ne faudrait plus admettre comme telle que celle des mathématiques, puisqu'elle est la seule qui ne soit pas soumise à des chances et à des exceptions. Il n'y a rien de mieux établi que les calculs sur les probabilités de la vie, et c'est sur ces calculs que se fondent les tontines et les assurances, et que l'on combine les intérêts des rentes viagères. Lorsqu'un de ces établissemens se forme, si quelqu'un venait dire : « Mais on a vu des hommes qui ont poussé leur carrière au-delà de cent ans, et comment satisferez-vous à vos égagemens, si tous les actionnaires vivent la durée d'un siècle? » On rirait au nez de celui qui raisonnerait ainsi ; on peut, avec raison, en faire autant à ceux qui supposent que cent quarante-cinq mille porteurs d'inscriptions vont se presser le même jour à la porte du Trésor pour réclamer leurs deux milliards huit cent millions.

» Remarquez que le capital de la rente 3 p. %, étant élevé à 75 et pouvant même s'améliorer, il est de l'intérêt du plus grand nombre des porteurs d'inscriptions d'accepter la conversion et de profiter du bénéfice que cette opération leur promet. Celui qui voudra être remboursé ne recevra que 100 fr. pour 5 fr. de rente; celui qui acceptera la conversion aura toujours également 100 fr. susceptibles de s'accroître de la plus-value qui doit résulter de la hausse. Le remboursement des porteurs actuels d'inscriptions s'opérera donc par les ventes successives qu'ils feront eux-mêmes des nouvelles rentes, plutôt que par la demande simultanée de leurs anciens capitaux.

» D'ailleurs, si j'ai bien saisi les explications données à ce sujet dans les débats qui ont eu lieu à la chambre des députés, les rentiers conserveront l'intérêt de leurs créances à raison de 5 p. % jusqu'au jour du remboursement, s'ils ne veulent pas des nouvelles valeurs. Et si la quantité des demandes de remboursement, était telle qu'on ne pût y pourvoir, ce qui n'est présumable, le pis-aller serait la suspension momentanée de l'opération, qui laisserait alors chacun à sa place, sans dommage ni pour l'Etat ni pour ses créanciers.

» Dans toute opération de banque, le crédit du banquier doit entrer en ligne de compte, et forme une grande partie de son capital. Ce serait mal calculer que de ne pas admettre notre crédit public comme une forte compensation de ce qui ne peut être matériellement réalisé dans la caisse chargée du remboursement. Le crédit et l'argent sont deux puissances qui agiront chacune dans une direction parallèle, et toutes deux dans l'intérêt du système.

» Ne croyez pas, messieurs, que qui que ce soit se presse d'accepter le remboursement, si ce n'est ceux qui auront un emploi présent et avantageux à faire du capital. La concurrence des spéculateurs amènera une hausse dont ils profiteront plus tard, et le remboursement s'effectuera d'une manière avantageuse aux créanciers actuels, par le moyen des négociations. Mais, dit-on, après cette hausse, s'il survient une baisse ? Eh bien, dans ce cas, la baisse affectera les nouveaux propriétaires de rentes ; mais ce n'est pas

de ceux-là qu'il est question aujourd'hui ; ils sont entièrement hors la question.

» En dépit du Pas-de-Calais, le grand tapis vert
de la Bourse de Londres se déploie jusqu'à la Bourse
de Paris, et les valeurs tendent à s'y mettre en équilibre. Eh bien ! dans la capitale de la Grande-Bre-
tagne, les 3 p. % sont à 96 ; les 4 p. % à 108
ou 109, depuis plus de deux mois. Il y a toute apparence que nos 3 p. % arriveront tôt ou tard à cette
proportion, et alors quel rentier pourra se plaindre ?

» Nous trouvâmes tous ces argumens sans réplique,
et tombâmes d'accord sur ce point, que l'on ne peut
tirer aucune induction défavorable au projet de loi de
quelques probabilités qui ont contre elles des probabilités plus puissantes en nombre et en force ; ce qui
serait contraire à la manière la plus commune de raisonner.

Nous arrivâmes enfin à votre grande objection, à
celle que vous appelez le coup de massue qui doit
pulvériser tout l'échafaudage de la loi. Vous raisonnez
ainsi : « Le capital des 140 millions de rentes à 5
p. % est de 2 milliards 800 millions. Tandis que
d'un côté vous réduisez l'intérêt d'un cinquième,
c'est-à-dire à 112 millions, vous augmentez le capital
d'une somme effrayante de 933 millions. Il y a donc
préjudice pour l'Etat. »

Ici tous les regards de l'assemblée se tournèrent du
côté de M. F***, ancien receveur-général d'un des
départemens du midi, dont l'immense fortune con-
siste en biens-fonds et en rentes, et qui, par cette
double qualité, présente une sorte d'hermaphrodisme
qui devait donner plus de poids à son opinion. Il ne

fallait pas moins, d'ailleurs, qu'une telle puissance pour parer les coups d'un autre Hercule. Devinant le vœu qui l'appelait à la tribune, il s'exprima de la sorte:

» J'avoue, messieurs, qu'au premier abord j'ai été frappé de ce raisonnement, et qu'il a produit sur moi l'effet de ces objets qui, vus confusément, paraissent effrayans et gigantesques, mais dont un examen attentif diminue l'importance et les dimensions.

» D'après tous les principes du crédit public, le résultat nécessaire de son amélioration est l'augmentation du capital.

» Ainsi cette augmentation, en admettant la continuation du concours heureux de circonstances dans lesquelles notre pays se trouve placé, doit avoir nécessairement lieu dans l'hypothèse de 5 p. $\%$, comme dans celle de 3 pr $\%$. Et qu'importe, en effet, que ceux-ci s'élèvent à 100, si le résultat est le même que l'élévation des 5 p. $\%$ à 133? Dans cette situation, il est clair que le capital réel accusé par les cinq ne sera pas inférieur à celui exprimé par 3, puisque 140 millions de rente à 5 p. $\%$ produisent le même capital que 112 millions à 3. Mais, dit-on, sous le titre de 5 pour $\%$, l'État n'est débiteur que de 2 milliards 800 millions, tandis que sous celui de 3 pour $\%$, il se reconnaît redevable d'un tiers en sus de la même somme. Cela est vrai; mais si, par l'effet de la hausse, les 2 milliards 800 millions s'accroissent de l'addition d'un tiers en sus, ce sera la même chose, eu égard au remboursement, que si la valeur effective des 5 pour $\%$ arrivait à 133. Les chances d'accroissement étant identiques dans les deux systèmes, il convient donc de préférer celui qui doit donner un plus grand développement au crédit public, et qui réduit nos charges de près de 40 millions, auxquels j'évalue les bénéfices à faire, non-seulement par la réduction de l'intérêt, mais encore par les rapports nouveaux de la caisse d'amortissement et de toutes les comptabilités avec le trésor.

» C'est quelque chose, messieurs, que 40 millions, qui représentent le vingtième du budget de l'État, et le quart du principal de la contribution foncière.

» Si le remboursement de la rente constitue un droit pour l'État, il n'entraîne pas pour lui une obligation, lorsque l'opération est contraire à ses intérêts; et de même que le trésor ne rembourserait pas les 5 pour % augmenté d'un tiers en capital, de même il ne remboursera pas les 3 pour % à 90. Mais, dira-t-on, le gouvernement qui n'a créé que des 5 pour %, aurait été le maître, dans tout état de cause, de ne rembourser qu'au taux effectif de cent. Oh! c'est pour le coup que l'on aurait entendu gronder la tempête des mécontentemens et des plaintes; c'est alors qu'il y aurait eu réellement banqueroute! Dans les usages du commerce, personne n'a jamais été réputé en état de faillite pour avoir réduit l'intérêt de l'argent qu'il reçoit; le banqueroutier est celui qui fait perdre à ses créanciers tout ou partie de leur capital.

» Le remboursement étant facultatif, il importe donc fort peu que le capital s'appelle soixante ou soixante-quinze, cent ou cent vingt. La réalité et l'utilité sont dans la réduction de vingt-huit millions sur les intérêts. Ces 28 millions en produisent 700 en 25 ans, temps nécessaire à l'extinction de 112 millions de rentes, ce qui est bien d'un autre poids qu'un capital fictif, conventionnel et mobile.

» Messieurs, j'ai attentivement suivi, et dans les journaux et dans les brochures, toute la controverse qui s'est établie sur cette grande question, et j'ai reconnu que l'erreur de beaucoup de personnes est provenue de ce qu'elles ont oublié ou méconnu un grand principe en matière de finances, c'est que *l'argent se loue et ne s'achète pas*. On a voulu traiter l'Etat comme un marchand qui a reçu des denrées et qui est obligé de les garder lorsque le marché est arrêté et que la marchandise est entrée dans ses magasins. Telle n'est pas sa position. Il a loué des capitaux par un bail résiliable à sa volonté ; il a exactement payé le prix stipulé par le contrat de louage. Maintenant il trouve à faire un bail plus avantageux, et propose au maître de l'objet loué ou de reprendre sa propriété ou d'en consentir l'occupation moyennant la réduction d'un cinquième sur le loyer. Quelle que soit la valeur nominale affectée à la matière de la location, la valeur effective, pour celui qui jouit, est déterminée par le montant annuel du bail. Tout est conséquent dans cette combinaison et en harmonie avec le principe, que l'argent, n'étant que le signe des valeurs, se loue et ne s'achète pas. »

Après cette explication, qui produisit beaucoup d'effet dans l'assemblée, le président leva la séance et les conversations particulières s'établirent.

Par le prochain courrier, je vous ferai part de quelques réflexions que cette discussion m'a suggérées et des renseignemens que j'ai recueillis sur le meilleur emploi à faire de vos capitaux.

Recevez l'assurance, etc.

Nous avons un aveu très-remarquable dans un des journaux qui ont le plus vivement combattu le système du remboursement ou de la réduction des rentes. Il convient que l'État a plusieurs millions à gagner, et que ses dettes vont être diminuées; mais il veut que ce calcul soit soumis à l'opinion publique, et que la crainte de perdre quelque chose dans cette opinion, si nécessaire à la *popularité* et à la force morale de la monarchie, soit la garantie de tous les intérêts publics et particuliers.

Certes, nous acceptons cette proposition, et nous en prenons acte dans l'intérêt de la monarchie plus encore que dans celui du système que nous avons défendu. Nous n'avons rien dit de plus, et nous déclarons encore que, parfaitement d'accord sur le principe, nous ne différons que dans la fausse application que l'on veut en faire.

Où est l'opinion? Est-elle dans un quartier de Paris ou dans le bureau d'un journal? On ne peut voir là que des opinions individuelles et tout au plus celle d'une réunion d'intéressés. Pour l'apercevoir dans toute son étendue, il faut être placé un peu haut et se mettre au centre de tous les besoins sociaux.

Il ne suffit pas, pour asseoir son jugement, d'ouvrir le grand-livre de la dette publique. Il existe un livre bien plus gigantesque, divisé en quarante mille volumes disséminés sur toute la France. C'est le grand-livre des *redevables*, au nombre d'environ sept millions, qui paient chaque année sept cent millions de francs au Trésor, ou cent francs par tête. C'est celui-là qu'il faut consulter pour recueillir équitablement les voix.

Il y a donc ici deux opinions, celle des créanciers et celle des débiteurs : or, nous le demandons à tous les hommes impartiaux, si ces deux opinions se présentaient ensemble devant *cette puissance miséricordieuse, image de Dieu sur la terre* et source de toute justice, quelle est celle qui ferait pencher la balance en sa faveur et qui offrirait le plus de moyens de popularité à la monarchie ? ce serait certainement celle représentée par les hommes qui arrosent la terre de leurs sueurs et qui sont les vrais soutiens de l'Etat.

C'est devant ce tribunal auguste que comparaissent tous les intérêts, chaque fois que la puissance législative, qui réside si éminemment dans le monarque, exerce son privilége d'initiative. Une loi n'est pas impopulaire, parce qu'elle blesse l'opinion d'une faible fraction de la société. Elle le serait réellement dans le cas contraire. Est-il une mesure qui coûte plus de larmes et de regrets ; qui exige plus de sacrifices de la part de ceux qu'elle atteint, que celle du recrutement? Le cœur de quarante mille familles en est momentanément froissé ; mais la sûreté de trente millions d'âmes devient la loi suprême. De quel côté est alors l'opinion publique ?

Mettons les choses au pis, et admettons encore la pénible supposition que déguise très-peu l'article dont nous nous occupons, celle de la désaffection de quelques individus trop fortement attachés à leurs intérêts. N'y a-t-il pas une vaste compensation *dans l'amour et la reconnaissance des peuples* soulagés du fardeau accablant des impôts ? Et, comme il existe en France quarante-neuf contribuables contre un rentier, on a tout de suite la somme d'*affection* et de *désaffection* sur laquelle on peut compter. Quoi qu'on en dise, BARÈME est nécessaire en politique comme en finance, et l'on voit que la science des calculs s'applique à l'une comme à l'autre.

Il n'y a point de circonstance indifférente en elle-même dont les libéraux ne s'emparent pour en tirer avantage. Leurs journaux entretiennent à peu de frais les espérances du parti. Quand une loi est d'abord présentée à la chambre des pairs, si l'opinion politique des membres de la commission chargée de son examen en laisse présumer l'adoption, les écrivains libéraux, après s'être déchaînés contre une majorité qui, imbue, selon eux, des préjugés de l'ancienne aristocratie, comprend mieux les priviléges du trône que les intérêts de la nation, font un appel aux principes populaires de la chambre élective. Celle-ci est alors pour eux un refuge assuré contre les doctrines de la chambre haute, et dans l'espérance de la conduire sur le chemin de l'opposition, ils rendent un hommage éclatant à la sagesse des vues politiques et à la pureté des opinions que professe la majorité des membres de la chambre des députés. Ces éloges sont, comme on le pense bien, le prix anticipé du rejet de la loi, et ces législateurs cessent d'en être dignes à l'instant même où ils secondent les intentions du gouvernement.

Si, au contraire, le projet de loi est soumis, par avance, à la chambre élective, et si la discussion publique est favorable au ministère, les écrivains libéraux se déchaînent alors contre ces mêmes députés, qui ne sont plus à leurs yeux que des hommes vendus au gouvernement, et ils ont recours aux brillantes lumières de la chambre haute, qui devient tout à coup, selon leurs besoins, le plus ferme appui des libertés publiques et la plus forte barrière contre les empiétemens du pouvoir.

Cette tactique se renouvelle, pour ainsi dire, à chaque présentation d'un nouveau projet de loi. Elle n'a point encore épuisé la mauvaise foi des journalistes libéraux, ni la crédulité de leurs abonnés. Les écrivains de l'opposition, prophètes peu accrédités, et presque toujours démentis par l'événement, n'ont jamais manqué de nous prédire que la loi adoptée par les députés serait amendée ou rejetée par les pairs, ou bien que la loi votée par la chambre aristocratique serait repoussée par la chambre élective ; et dans ce moment même où la loi sur les rentes vient, après son adoption par la chambre des députés, d'être présentée à la discussion de la haute chambre, la sage lenteur que celle-ci apporte dans son examen a déjà servi de prétexte à des bruits ridicules d'ajournement, dont ceux qui les répandent connaissent toute la fausseté.

C'est il faut en convenir un préjugé favorable pour la loi, que d'arriver à une seconde chambre, victorieuse de tous les assauts qui lui ont été livrés par l'opposition dans la première, et déjà riche des suffrages d'une majorité de plus de 80 voix. La discussion vive, animée, profonde, qui a précédé l'adoption de la loi sur les rentes dans la chambre des députés, a répandu un grand jour sur ce que les uns appellent les inconvéniens, et beaucoup d'autres, les avantages de cette mesure législative. Les attaques et la défense n'ont pas été épargnées à cette loi financière, qui, tout en froissant quelques intérêts particuliers, a pourtant été reconnue juste, par tous, et seulement inopportune par quelques-uns. Les droits des rentiers, ceux des contribuables, n'ont pas manqué d'avocats qui ont plaidé leur cause avec cette chaleur que donne souvent la conviction, et cette éloquence qui n'est quelquefois que l'apanage d'un grand talent. La localité elle-même a eu ses défenseurs, et la capitale, que son importance et sa position appellent à jouer le premier rôle dans les transactions financières et dans les mouvemens de bourse, a entendu quelques-uns de ses mandataires disputer à la province les avantages qui doivent résulter pour elle de l'adoption de la nouvelle loi des finances. C'est le sort de toutes les grandes questions financières, d'agiter, de remuer vivement les intérêts locaux et personnels. Aussi l'opposition qu'elles rencontrent n'a-t-elle rien de commun avec les doctrines politiques, aussi cette opposition n'est-elle pas toujours exempte de cet égoïsme humain, qui s'attache aux intérêts particuliers, et qui ne nous permet pas d'envisager avec impartialité ou d'avouer avec franchise tout le bien qu'une grande mesure peut produire dans l'intérêt général seulement.

Le projet de loi, bien qu'adopté à la chambre des députés, n'a pas cessé d'être l'objet des attaques des écrivains de l'opposition; ils ont encore reproduit contre la loi des reproches dont elle avait si facilement triomphé devant les élus de la nation. Ils ont pensé que la constance de leurs efforts suppléerait à la justice de leur cause. On les a vus rechercher avec empressement les époques désastreuses de nos finances, afin de comparer les mesures prises alors aux mesures adoptées aujourd'hui, et d'assimiler le remboursement offert par le ministère actuel à la réduction opérée par Sully, sous Henri IV, où à la suspension des rescriptions de l'abbé Terray, sous Louis XV. D'autres ont poussé plus loin la manie des rapprochemens ; et, dans une mesure où le débiteur offre à son créancier le remboursement de la totalité de son capital, ils n'ont pas rougi de voir une coïncidence parfaite avec la banqueroute consommée par la loi du 30 septembre 1797, qui, en consolidant seulement un tiers de la dette, et en mobilisant les deux autres (que le créancier recevait en bons au porteur, qui perdaient à l'instant même de leur émission 70 à 80 pour cent, et n'étaient échangeables qu'en biens nationaux), réduisait de plus de moitié la valeur primitive du capital.

Il n'y a point de mesure absolue. Celle qui a pour but le bien de tous peut sans doute être encore préjudiciable à quelques uns. Toutes les rentes n'ont ni la même date ni la même origine. Dans le nombre de celles qui seront frappées par la loi, combien peu en est-il dont les propriétaires soient restés les mêmes depuis la banqueroute directoriale? Ce tiers, le seul dont le gouvernement royal ait hérité, ne subit aujourd'hui qu'une réduction volontaire, puisque le créancier a la faculté d'opter entre son remboursement au denier vingt, ou le placement de ses fonds au denier vingt-cinq.

Suivons un instant le cours de la rente depuis l'établissement du tiers consolidé, et voyons quel a été le sort des rentiers depuis ving-sept ans.

Les rentiers qui ont placé des fonds sur l'Etat du 3o septembre 1797 au 7 novembre 1799, c'est-à-dire, durant un espace de vingt-six mois, ont fait des bénéfices considérables. Le 8 novembre 1799 la rente n'était cotée qu'à 11 fr. 3o c.; on achetait 5,000 fr. de rente perpétuelle pour un capital de 11,3oo fr. Le rentier de cette époque a donc déjà touché près de douze fois son capital. Vingt-sept ans lui ont rapporté 135,000 fr. de revenus ; il est encore apte aujourd'hui à recevoir du gouvernement le capital de sa rente de 5,000 fr. , qui représente 100,000 fr. Ainsi, dans l'espace de vingt-sept ans, 11,3oo fr. lui auront produit une somme énorme de 223,700 fr.; l'intérêt de son argent se sera élevé jusqu'à 45 pour cent par an, et son capital aura acquis en définitive un accroissement de 88,700 fr.

La rente était à 22 fr., le 21 novembre 1799 ; elle était à 29 fr. le 12 juin 1800 ; la nouvelle de la victoire de Marengo, arrivée à Paris le 21 juin, fit monter le tiers consolidé à 35 ; il était à 48 en septembre 1801 ; la signature des préliminaires de paix avec l'Angleterre le fit monter à 53 , le 4 octobre. Ainsi, pendant deux ans encore, le rentier a placé sur l'Etat, tantôt à 23 , tantôt à 21, à 19 et à 10 pour cent, et il a, depuis vingt-quatre ans, touché cinq fois et demie, ou cinq, ou quatre, ou trois fois son capital. Ses intérêts ne peuvent donc pas souffrir du remboursement qu'on lui offre aujourd'hui, ou de la diminution d'intérêt qu'on lui propose pour l'avenir.

Le 16 mars 1810, les cinq pour cent s'élevèrent à 83 fr. 90 c. C'est le taux le plus élevé des effets publics sous les gouvernemens qui ont précédé la restauration.

Depuis le retour du Roi, les 5 pour cent ont été continuellement en hausse. Ils dépassent le pair de près d'un 20. La rente n'offre plus aujourd'hui à l'acquéreur qu'un revenu de 4 4/5, et rien n'indique que ce mouvement ascendant soit près de s'arrêter.

Or, les grands bénéfices sur la rente obtenus pendant le cours de dix années, par les rentiers qui ont fait des placemens à cette époque, sont plus que suffisans pour compenser la contrariété qu'ils éprouvent du remboursement de leur capital ou de la conversion des 5 en 4 pour cent.

Une seule classe de rentiers appelle sans doute sur elle toute la sollicitude du gouvernement : c'est celle qui est restée stationnaire depuis la création du grand-livre, et qui n'a d'autre revenu que les intérêts du tiers de son capital réduit; mais le nombre de ces rentiers est heureusement peu considérable. Ceux, au contraire, dont les titres remontent aux années 1798, 1799, 1800, 1801, 1802 et suivantes, sont très-nombreux. Or, ceux qui ont acheté à ces époques, et qui ont déjà touché plusieurs fois leur capital, auraient bien mauvaise grâce d'élever aujourd'hui la voix contre une mesure que les libéraux eux-mêmes n'attaquent point comme injuste, mais comme intempestive, attendu qu'il fallait probablement, selon eux, en laisser l'honneur au ministère libéral..... à venir.

Il est donc bien reconnu que plus les rentiers argumenteront de l'ancienneté de leur inscription, passé le 29 septembre 1797, moins ils auront acquis le droit de se plaindre, puisqu'il est prouvé que le taux de la rente a, pendant plusieurs années, été si peu élevé que le capital fourni par le créancier lui était remboursé en deux, trois ou quatre ans par l'Etat, son débiteur, qui payait alors des intérêts à 50, 33, 25, etc.; et c'est cependant sur cette classe de rentiers qui, avec des capitaux très-modiques, est parvenue à se former des revenus, souvent considérables, exempts d'impôts et de non valeurs, que l'opposition cherche à répandre un intérêt qui ne doit et ne peut s'attacher qu'au petit nombre de rentiers frappés par la loi de septembre 1797.

Quelques publicistes ont cependant contesté au gouvernement le droit de rembourser ; ils ne veulent point le faire jouir dans ses transactions financières des avantages qui régissent les conventions entre particuliers, et tandis qu'ils reconnaissent à ceux-ci le droit d'éteindre une rente perpétuelle par le paiement intégral du capital qu'elle représente, ils refusent à l'Etat la faculté de se libérer aux mêmes conditions. Ainsi, la rente particulière serait perpétuelle au gré du débiteur, et la rente de l'Etat serait perpétuelle au gré du créancier. Une position aussi contraire dans ses résultats devrait au moins être justifiée par des actes qui en expliquassent la cause. Loin de là, les engagemens pris par le gouvernement avec ses créanciers sont exactement les mêmes que ceux que contractent ensemble les particuliers : il a emprunté au même taux, l'intérêt de l'argent est le même. Tous deux font à leur créancier une rente du vingtième de son capital; or, si l'Etat avait voulu contracter, au lieu d'une dette *per-*

pétuelle, (chose qui, sans être continue, revient souvent), une dette *éternelle* (chose qui a eu un commencement et n'aura point de fin), ses conditions eussent été différemment posées, et la rente *éternelle* qui, dans aucun cas et à aucune époque, ne pouvait être éteinte, n'aurait pas obligé son débiteur à un intérêt de 5 pour cent, égal à celui que paie le débiteur de la rente *perpétuelle*, dont la volonté met un terme à sa dette, en en remboursant le capital.

Il n'est venu à l'idée de personne de contester à la caisse d'amortissement le droit d'employer ses fonds à l'extinction de la dette publique. Or, on ne peut y arriver que par l'achat successif de la totalité des rentes; mais si le rentier conserve toujours le droit de s'opposer à ce rachat, l'Etat n'aura donc jamais la faculté de se libérer! Que fait aujourd'hui le gouvernement? Il remplit par anticipation le rôle de la caisse d'amortissement, il éteint sa dette, en remboursant ses prêteurs, en leur rendant intégralement le capital qu'il a reçu d'eux. Puis, voulant jouir du bénéfice de la confiance qu'il inspire, il emprunte par une autre mesure, offrant à ses nouveaux créanciers un intérêt de 4 seulement. Par la modicité de ses offres, il s'interdit en quelque sorte la faculté du remboursement; car c'est alors qu'il se place de lui-même dans une situation tout-à-fait différente de celle des particuliers, dont les transactions financières se font légalement au taux de 5 pour cent, et présentent un avantage d'un cinquième comparativement au placement sur l'Etat. — Forcés d'avouer la justice de la mesure en elle-même, d'autres se sont rejetés sur les temps de son exécution, et en ont contesté l'opportunité. Au lieu de

voir dans la haussse des 5 pour cent un résultat naturel de la confiance qu'inspire le gouvernement des
Bourbons, ils en ont attribué l'effet à des spéculations
financières, à des calculs d'agiotage dont les efforts
auraient été soutenus par une protection occulte.
Cette supposition gratuite ne mérite pas d'être com-
battue ; le plus simple raisonnement en fait justice.
Mais il n'est peut-être pas inutile de faire observer que
les effets publics ne se sont élevés sous Napoléon
qu'à 83 fr. 90 c., et cela seulement en mars 1810, aux
approches de son mariage ; que même au mois de
mars de l'année suivante, où l'usurpation semblait
avoir acquis le droit de se perpétuer, le tiers consolidé
n'a pas dépassé ce taux, bien inférieur à celui de la
bourse actuelle. Il est nécessaire de faire remarquer
à ceux qui affectent de ne pas comprendre la stabilité
de la monarchie au nombre des causes qui influent le
plus puissamment sur la prospérité publique ; il est,
dis-je, nécessaire de leur faire remarquer que la rente,
qui avait descendu à 45 le 29 mars 1814, était déjà
remontée à 63 le 6 avril suivant, par l'effet seul de la
déchéance de Napoléon, tant la légitimité avait jeté
de profondes racines dans tous les cœurs, tant elle
était regardée comme l'ancre du salut par tous les
Français !

L'on peut encore fortifier cet exemple par un autre :
Le 20 juin 1815, la rente était tombée à 53. Deux
jours après, la nouvelle de la seconde abdication de
Buonaparte produisit une hausse spontanée de 7 fr., et
porta la rente à 60. L'assurance du prompt retour de
la famille royale la maintint à ce taux pendant quelques
jours ; son arrivée la lui fit dépasser. Il est donc bien

certain que cette confiance, que tous les prestiges de la gloire militaire, et l'appareil d'une puissance colossale n'ont pu obtenir de la masse de la nation, était depuis long-temps acquise à la famille des Bourbons, et que la sécurité que son gouvernement inspire est, sinon le motif unique, du moins la cause principale de l'accroissement prodigieux de la rente française. Retarder l'époque de son remboursement, lorsqu'elle est arrivée au pair, c'est rendre nulle l'action de la caisse d'amortissement, c'est priver à la fois l'Etat d'une sage économie, et les contribuables d'un soulagement que réclame depuis long - temps l'énormité de leurs sacrifices continuels.

TOUTE loi nouvelle a pour objet de placer l'avenir sous des conditions différentes de celles du passé ; par conséquent elle doit réveiller des passions, blesser des intérêts, détruire des espérances.

Une loi sur l'armée, par exemple, n'obtiendrait pas dès sa présentation l'assentiment de tous les militaires, en général, puisqu'en laissant intacts les droits acquis par le passé, elle réglerait dans l'avenir des conditions différentes pour acquérir ces mêmes droits. Or, si ces conditions sont plus douces, elles blessent ceux qui, pour acquérir les droits qu'ils possèdent, ont été contraints à des sacrifices plus grands que ceux exigés par la loi nouvelle ; si ces conditions au contraire sont plus difficiles à remplir, elles détruisent des espérances conçues avant le projet de loi, et fondées sur un ordre de choses dont rien ne faisait présumer les changemens.

Il en est de même de toute loi qui tend à régulariser l'existence, ou à organiser les intérêts d'une classe de la société ; elle ne peut manquer de toucher à des prétentions que le temps semble avoir consacrées, ou de froisser des habitudes dont quelquefois on s'est fait un droit. A plus forte raison, une loi financière qui ne se rattache pas seulement à une classe, mais à toutes, qui s'adresse surtout à cet intérêt d'argent, qui occupe une grande place dans les affections humaines, doit-elle voir s'élever contre elle des oppositions de plus d'une espèce, et des obstacles de toute nature.

Ces obstacles paraîtront d'autant plus difficiles à détruire, que la matière de la discussion n'étant pas à la portée de toutes les intelligences, la vérité éprouve beaucoup de peine à se faire jour à travers les chiffres sous lesquels on cherche à l'étouffer, et que la langue des calculs, en apparence si simple dans ses argumens et si claire dans ses conséquences, est pleine d'artifices et de tromperies, à l'aide desquels les adversaires de la loi peuvent facilement abuser ceux qu'ils désespèrent de convaincre.

Le projet de loi sur la réduction de la rente a soulevé trois oppositions bien distinctes ; et cependant la réunion de ces oppositions n'a produit dans la chambre législative qu'une minorité dont l'impuissance n'a pu balancer l'opinion sage et éclairée d'une majorité composée d'hommes d'état, de sujets fidèles, éprouvés, qui, s'oubliant eux-mêmes dans une mesure d'utilité publique, font à l'intérêt général le sacrifice de leur position particulière ou de leur intérêt personnel.

La première de ces oppositions est acquise de droit aux ministres royalistes. Ils la retrouvent fidèle à chaque nouveau projet de loi qu'ils présentent. C'est une rente perpétuelle dont ils ne doivent point espérer l'amortissement, mais dont, au surplus, la valeur nominale a beaucoup perdu de son crédit dans l'opinion publique. Cet engagement pris indéfiniment de blâmer de prime abord toutes les opérations du gouvernement, ce système d'une opposition qui, malgré l'adresse et la variété de ses attaques continuelles, s'attache aux hommes plus qu'aux choses, et semble aspirer moins à la réforme des abus qu'à la réforme du ministère, ne rallie à elle que des ambitions isolées ou des doctrines politiques que réprouve la presque totalité de la nation. Indiquer la source de cette opposition qui s'applique à accuser le gouvernement, au lieu de chercher à l'éclairer, qui l'arrête dans la marche qu'il suit au lieu de lui indiquer la route qu'à son avis il devrait suivre, c'est en détruire le danger. L'opinion de cette opposition permanente n'a donc pu acquérir aucune importance particulière dans la discussion parlementaire d'un projet de loi dont elle avait à l'avance décidé de voter le rejet.

Cette opposition écartée par les motifs qui ont dirigé son vote négatif, il en reste deux autres qui ne partagent ni ses vues personnelles, ni ses opinions politiques, et dont la bonne foi ne saurait être mise en doute un seul instant. Toutes deux, envisageant cependant la mesure sous des rapports différens, n'ont point osé accorder une confiance entière au projet du ministère. Ces deux oppositions marchent et combattent sous des bannières différentes. L'une attaque la justice de la loi nouvelle, l'autre en conteste seulement la nécessité. Les opposans qui regardent la mesure comme injuste avouent qu'elle est utile et favorable à l'État; ceux au contraire qui reconnaissent à l'État le droit de rembourser ses créanciers s'attachent à démontrer que l'époque est mal choisie pour une opération aussi importante; et remarquons bien que, quoique les uns et les autres soient favorables à une partie de la loi, et fassent tour à tour cause commune avec le ministère dans cette portion de son projet qui se trouve d'accord avec leurs opinions personnelles, ils n'en ont pas moins voté le rejet du projet en entier, parce qu'ils exigeaient du ministère une concession, qu'il n'étaient pas eux-mêmes disposés à lui accorder.

Ces deux parcelles d'oppositions ont trouvé des échos; les journaux et les brochures se sont rendus leurs interprètes; ils ont fait revivre sous des formes nouvelles les reproches adressés au projet de loi. Parmi les brochures, il en est une qui a obtenu quelque succès. Elle le doit moins à la solidité de ses raisonnemens qu'à l'adresse avec laquelle elle a su présenter quelques objections spécieuses qui, du reste, ne peuvent résister à un examen approfondi. Il règne d'ailleurs dans cet écrit un ton de malice sémi-officieuse qui en rend la lecture moins aride que celle de la plupart des écrits qui traitent de la même matière. L'auteur a mêlé à ses calculs de finance quelques épigrammes polies contre le président du conseil qui décèlent un esprit accoutumé à ces sortes de combats polémiques. Malheureusement le sarcasme et la raillerie ne sont pas habilement placés dans une discussion qui touche à de grands intérêts, et c'est mal défendre ceux dont on embrasse la cause que de chercher à soutenir leurs droits avec les armes de la plaisanterie.

L'auteur de la lettre à M. le comte de ***, pair de France, n'est pas non plus toujours fidèle aux principes qu'il pose, et comme il est aisé de voir qu'il n'écrit pas de conviction, il en résulte que l'on trouve dans sa Lettre une foule de contradictions qui frappent le lecteur le moins exercé, et détruisent elles-mêmes les principales objections élevées par l'écrivain. Il refuse au gouvernement le droit de rembourser la rente, et quelques pages plus loin, il lui accorde la faculté de diminuer l'intérêt de la rente! Faculté bien autrement dangereuse, si l'on soustrait l'État à l'obligation de rembourser le capital, et qui place la fortune et le sort du créancier dans les mains de son débiteur!

Quoi! suivant le correspondant inconnu de M. le comte de ***, l'État serait libre de faire descendre l'intérêt de l'argent qu'on lui a prêté à un taux inférieur à celui du premier contrat! il pourrait dire aux rentiers : Je diminue vos revenus d'un dixième, d'un cinquième, d'un quart; et en lui concédant cette faculté de se libérer d'une partie de ses engagemens annuels, au moyen d'une banqueroute successive, on lui conteste le droit bien plus légitime d'offrir à son créancier l'option entre un remboursement intégral qui lui rend la libre disposition de ses capitaux, ou un placement à un intérêt moins élevé, placement qui n'est plus alors que l'effet de son choix, que le résultat de sa volonté, puisque. si l'offre qu'on lui en fait lui portait un préjudice réel, il s'empresserait de réclamer le remboursement de son capital.

Mais, disent une partie de ceux qui combattent

dans les rangs de l'opposition, que voulez-vous que le rentier fasse maintenant de ses capitaux? A quel taux les placera-t-il aujourd'hui dans le commerce, ou les prêtera-t-il à l'industrie? Cet embarras, que vous supposez au rentier possesseur de son capital, d'où vient-il? sinon de la baisse de l'intérêt de l'argent, qu'il vous est désormais impossible de nier. Si le rentier ne sait où placer avec sûreté ses capitaux à un taux plus élevé que celui qui lui est offert par l'Etat, l'intérêt de l'argent a donc éprouvé une baisse générale! Cette baisse annoncée par le gouvernement n'est donc pas fictive; le ministère n'a donc pas de lui-même déterminé le taux de l'intérêt de l'argent; ce taux est donc réel, évident! Le mouvement de hausse, imprimé aux fonds publics européens, imposait donc au gouvernement français l'obligation de ne pas rester plus long-temps dans une position insolite; et comme l'a fort bien observé un noble pair, qui a cependant parlé contre l'opération, le gouvernement a dû tourner ses vues vers la diminution de l'intérêt de la dette fondée, puisque c'est une mesure utile à laquelle l'administration doit toujours tendre.

Si le rentier ne trouve pas aujourd'hui de placement fixe au-dessus de quatre pour cent, aucune raison probable, aucune espérance de bénéfice ne le portera donc à exiger le remboursement d'un capital qu'il ne pourrait placer plus avantageusement.

Mais, dit l'autre fraction de l'opposition, cette baisse que vous annoncez n'existant pas, les placemens sur particuliers ayant lieu à des intérêts plus élevés que ceux offerts par le gouvernement, une grande masse des rentiers va exiger l'intégralité de ses capitaux, et vous serez dans l'impossibilité de faire face à des remboursemens aussi considérables. Vous avez annoncé un effectif de 370 millions ; mais que sera cette somme, en comparaison de celle qui peut être exigée, et qui, suivant un des honorables adversaires du projet de loi, peut s'élever à un total effrayant de 1200 millions?

On conviendra que le rentier qui sollicitera son remboursement intégral ne le sollicitera que dans l'intention de se procurer un accroissement de revenus par un placement au-dessus de celui que lui offre l'État, qui, en restreignant les bénéfices présens, lui offre cependant par l'augmentation de la valeur nominale du titre de sa créance, non-seulement une garantie contre un remboursement prochain, mais encore un avantage d'un tiers dans le cas où, contre toute probabilité, ce remboursement aurait lieu. Le retrait de son capital serait donc de la part du rentier une spéculation, et comment ne voit-on pas que le rentier qui spécule sur le bénéfice qu'il doit attendre d'un nouveau placement a dû, pendant la discussion du projet de loi, vendre à 103, 104, 104 80 cent., la rente que le gouvernement ne promet de lui rembourser qu'à 100 francs, et se hâter de réaliser ce premier bénéfice? On peut affirmer à l'avance, sans craindre d'être démenti par l'expérience, que le nombre des rentiers qui consentiront à attendre pour recevoir du gouvernement 100 francs seulement, sera beaucoup moins considérable que le nombre de ceux qui ont déjà réalisé leurs fonds au cours actuel de la rente, qui dépasse le pair et par conséquent la somme qu'ils recevraient de l'État, de 3, 4 et près de cinq pour cent.

La discussion de la loi sur les rentes a une physionomie qui lui est particulière. D'ordinaire l'opposition, dirigée vers un but unique, ne se divise point dans ses efforts pour l'atteindre. Elle est une dans sa marche, dans ses attaques; après avoir choisi son terrain, elle s'y cramponne, et de là partent tous les traits qu'elle lance contre ses adversaires. Dans la loi sur la rente, l'opposition a procédé d'une manière toute différente : on l'a vue se diviser constamment : tantôt elle s'est portée sur un point, tantôt sur un autre. La moralité de la loi a été d'abord le but de ses attaques, puis elle a abandonné la moralité pour la justice, puis la justice pour l'opportunité, si bien que, pour résoudre les différentes objections que l'opposition a élevées contre le projet de loi, il n'est besoin que de la mettre aux prises avec elle-même, et de lui emprunter ses propres réfutations.

L'auteur de la lettre à M. le comte ***, pair de France, conteste-t-il la légalité de l'opération? Annonce-t-il que l'on a tort de se fonder sur l'art. 1191 du code civil ; que cet article ne règle point les droits entre les particuliers et l'État ; que l'on fait arbitrairement d'une disposition de droit civil une disposition de droit public ; déclare-t-il enfin qu'en principe, l'analogie est fausse, et dénie-t-il au gouvernement le droit de remboursement que celui-ci accordait aux particuliers ?.... Au lieu de le combattre par des raisonnemens empruntés à la majorité qui vote avec le ministère, je lui opposerai seulement un de ces nobles pairs qui se sont déjà prononcés contre l'adoption de ce projet de loi ; et S. S. M. le comte Roy répondra à l'auteur de la Lettre, que « la faculté de rembourser

» la dette fondée est de droit naturel, qu'elle ne pour-
» rait être détruite ou altérée que par l'obligation prise
» par lui de n'en pas faire usage ou d'en suspendre
» l'usage, et que cette obligation n'existe pas. »

Objectera-t-on qu'il y a injustice dans la mesure
proposée de la réduction de l'intérêt des rentes ?....
Non-seulement, à son tour, l'auteur de la Lettre ne
partage point cette opinion, et avance au contraire
qu'une réduction modérée aurait éprouvé peu de con-
tradiction, mais le *Courrier français*, lui-même, ad-
jure la chambre des pairs d'admettre le principe de la
réduction des rentes : tant il est vrai que, dans cette
discussion, l'opposition a manqué d'unité dans ses
vues, d'accord dans ses moyens, et qu'après s'être
montrée partout, elle n'a pu rester nulle part !

FIN.